NOUVEAU

SYSTÈME FINANCIER

Tt 57
Ib 2091

NOUVEAU

SYSTÈME FINANCIER

DONNANT POUR RÉSULTATS IMMÉDIATS

1° A l'État SIX CENT MILLIONS, à titre gratuit;

2° A l'agriculture, au commerce et à l'industrie, à tous les adhérents en général, une somme de DEUX CENT MILLIONS, aussi à titre gratuit;

3° Une indemnité gratuite, de DEUX CENT MILLIONS aux départements ravagés par le fléau prussien;

4° Une circulation de vingt milliards par année;

5° Enfin, après DIX ans de mise en œuvre, une banque nationale au capital de DEUX MILLIARDS libres de toute redevance, fixant à tout jamais, en France, le taux de l'escompte à 2 0/0.

PAR

J. P. JACQUOT

ANCIEN PROFESSEUR UNIVERSITAIRE

—

50 Centimes

—

PARIS

ARMAND LE CHEVALIER, ÉDITEUR

61, RUE DE RICHELIEU, 61

—

1871

BIBLIOTHÈQUE NATIONALE R.F. IMPRIMÉS

DÉPÔT LÉGAL Seine N° 1794 1871

AVANT-PROPOS

Le projet de banque hypothécaire nationale dont nous proposons aujourd'hui la création, n'est que le précurseur d'une application ultérieure, sur une plus vaste échelle, du principe de mobilisation de la propriété.

Lorsque le bon hypothécaire, comme le billet de banque, aura passé dans nos habitudes commerciales ; lorsqu'on aura constaté, par son emploi, l'impulsion qu'il donne nécessairement à la production et à la circulation des produits ; lorsque la banque hypothécaire aura été transformée en banque nationale ordinaire, alors, nous exposerons la théorie de l'extinction de la dette énorme de DIX MILLIARDS qui pèse sur la propriété foncière, en mobilisant, successivement, tous les DIX ANS un milliard de cette même propriété ; puis nous démontrerons comment, en faisant circuler sous la forme de bons hypothécaires, ce milliard de propriétés mobilisées, on arrivera, tout en faisant remise de 50 p. 100 aux débiteurs sur le montant de leurs obligations, et en désintéressant avantageusement les créanciers, à faire à l'État DEUX CENT MILLIONS de revenus par année, ce qui lui permettra de supprimer certains impôts qui pèsent particulièrement sur les classes laborieuses; nous dirons comment tous les impôts peuvent être transformés en un seul, infiniment réparti, plus prévoyant, plus juste et plus équitable que tous les autres : l'impôt indirect qui, « frappant à « leur passage toutes les choses qui se consomment, « aliments, vêtements, objets de luxe, matières pre- « mières elles-mêmes, se confond ainsi avec le prix « de ces choses et vient s'y ajouter (1). »

Ces théories ne sont pas nouvelles; seulement le MÉCANISME NORMAL de leur application n'a point encore été donné.

Nous sommes de ceux qui croient que la finance, comme toutes les autres branches des connaissances humaines, doit participer au progrès; aussi, c'est avec confiance que nous livrons aux méditations des hommes spéciaux ce nouveau système financier.

(1) THIERS, *De la propriété*.

NOUVEAU

SYSTÈME FINANCIER

BANQUE HYPOTHÉCAIRE NATIONALE

—

> Le bon sens public ne comprendra-t-il pas qu'un signe représentatif, sans valeur intrinsèque, mais appuyé sur un gage qui ne s'évanouit pas, qui ne se transporte pas, et qui a une valeur double du signe même, peut et doit être pour la France un moyen de crédit et de circulation qui aura les conséquences les plus favorables pour le commerce, l'agriculture et l'industrie. Le paysan même, toujours si craintif et si soupçonneux, acceptera le billet de circulation qu'il saura être la véritable représentation de la terre qui le garantit.
>
> J. VRAU.

—

Les causes principales de la stagnation des affaires et des crises commerciales sont, sans contredit, le taux trop élevé de l'escompte, la rareté du numéraire, ou son agglomération entre les mains d'un petit nombre de capitalistes. Dans un pays comme la France où tant d'industries alimentent la grande famille des travailleurs, la production ne peut pas, ne doit jamais être ralentie sous peine de voir l'affreuse misère prendre, dans la mansarde, la place de l'honnête aisance, et jeter, parfois, de profondes perturbations dans l'ordre social. A ce mal trop fréquent, à cette plaie des temps modernes, il faut apporter un remède et remplacer, par une valeur équivalente, l'argent qui se cache ou qui s'en va, afin que les transactions intérieures ne soient plus un seul instant interrompues.

Créer un signe représentatif garanti par les domaines et les revenus de l'État; organiser le mécanisme de la circulation LÉGALE de ce signe; rendre impossible toute crise financière et commerciale en obligeant le numéraire actuel de circuler sans cesse conjointement avec cette nouvelle *monnaie;* activer la production et la circulation des produits, en faciliter la consommation; donner, GRATUITEMENT, dès le début de l'opération SIX CENT MILLIONS en numéraire à l'État; DEUX CENT MILLIONS aux premiers souscripteurs; DEUX CENT MILLIONS, à titre de secours aux départements ravagés par le fléau prussien; jeter, chaque année, VINGT MILLIARDS dans la circulation, et après une période de DIX ANS, avoir, en France, une banque nationale au capital de DEUX MILLIARDS qui ne devront rien à personne, ce qui lui permettra de fixer pour toujours le taux de son escompte à 2 p. 100; tel est le problème financier que nous croyons avoir résolu et dont nous proposons l'application au gouvernement de la République.

Certes, si nous ne nous adressions pas à un gouvernement fort, malgré ses récentes et cruelles blessures, dont tous les actes doivent être marqués au sceau du progrès et qui doit aborder franchement toutes les réformes, nous risquerions, à coup sûr, de voir, longtemps encore, notre projet rester à l'état de théorie; mais comme nous savons que le gouvernement républicain, c'est-à-dire le gouvernement du droit et de la justice, passe facilement sur la tête des intérêts particuliers pour ne s'occuper que des intérêts généraux, nous ne désespérons pas de voir, dans un avenir prochain, la mise en œuvre de notre système dont le principe qui a pour but la multiplication du *numéraire* par un équivalent, repose essentiellement sur la mobilisation de la propriété.

Qu'est-ce que le numéraire? un signe conventionnel, or, argent, billon ou *billet de banque* circulant sans cesse et servant aux transactions commerciales. Plus le numéraire est abondant, plus les transactions sont faciles et multipliées.

Qu'est-ce que la propriété? Une valeur inactive par elle-même que l'on peut comparer avec justesse à un lingot d'or ou d'argent. Mais, de même que l'on fait circuler et produire le lingot sous la forme de billet de banque dont il est la garantie, de même aussi l'on peut faire circuler et produire la propriété foncière en la mobilisant, c'est-à-dire en créant et en faisant circuler des bons hypothécaires garantis par elle comme le billet de banque est garanti par le lingot sur lequel elle a l'avantage d'une double production. On peut donc ainsi multiplier le *numéraire* à volonté, doubler et quadrupler la richesse sociale, venir en aide à l'agriculture, au commerce et à l'industrie, activer, comme nous l'avons dit, la production, forcer la circulation des produits, favoriser la consommation et apporter ainsi le bien-être à toutes les classes de la société.

La mobilisation du sol est une mine qui n'a point été exploitée jusqu'alors; cette source féconde de richesses doit enfin donner à l'activité humaine, un développement en harmonie avec les besoins et les aspirations des peuples.

Nous avons posé le principe, venons maintenant à son application.

TITRE PREMIER

Création de bons hypothécaires garantis par les domaines et les revenus de l'État. — Condition de leur émission. — Droit dont ils sont frappés. — Leur échange annuel et leur remboursement en numéraire, par l'État, après la dixième année. — Avantages qu'offre ce nouveau système financier.

—

Pour réaliser le projet qui nous occupe, pour donner à la production l'activité qui lui manque et à la circulation l'élément nécessaire au commerce; pour faire cesser les fluctuations du taux de l'escompte, et, après une période de dix ans, en fixer invariablement le chiffre, l'État créerait à Paris, une banque hypothécaire nationale, au capital d'un milliard, représenté par une somme égale en bons de 10, 25, 50, 75, 100, 200 et 500 francs; il affecterait à la garantie de ces bons pendant toute la durée de leur circulation, c'est-à-dire pendant dix ans, ses revenus et spécialement ses domaines.

Ces bons parfaitement garantis seraient de véritables bons du Trésor ayant un cours périodiquement forcé ; la grandeur du but justifierait suffisamment cette mesure, et les avantages qui en résulteraient pour le pays tout entier, feraient tomber toute objection.

Ce mot, COURS FORCÉ, pourrait peut-être effrayer les esprits superficiels et surtout malintentionnés ; mais les hommes de bonne foi, les hommes sérieux qui appellent de tous leurs vœux des réformes justes et équitables, ne verront là qu'une obligation réciproque, et comprendront facilement que, pour former le fonds de réserve destiné à rembourser les bons hypothécaires à leur échéance, il est nécessaire que l'État puisse compter sur les recettes de chaque jour.

Comme la création de la banque hypothécaire nationale aura pour but essentiel de venir en aide à l'agriculture, au commerce, à l'industrie, aux départements victimes du fléau de la guerre et à l'État pour faire face à ses obligations, les bons hypothécaires seront délivrés, contre espèces, au siége de la banque à Paris et dans toutes les mairies, comme en province chez tous les receveurs des finances, à 20 p. 100 au-dessous de leur valeur nominale. Cette remise de 200 millions sur 1 milliard, ne profitera qu'aux particuliers qui viendront, les premiers, demander à la banque ses bons hypothécaires ; elle sera une véritable prime d'encouragement pour ceux qui ne craindront pas de prendre l'initiative, et de prêter à l'État leur concours pour cette grande innovation toute d'intérêt général. Cette remise ne devra point être considérée comme dépréciant les bons hypothécaires, elle est faite uniquement pour donner au commerce, comme nous l'avons dit, une impulsion nouvelle, en faisant don gratuit aux souscripteurs de 200 millions, d'une somme égale aux provinces ravagées, à l'État de 600 millions, dont 100 millions au moins seront destinés spécialement à escompter à 1 p. 100, dans certaines circonstances, un certain nombre de bons hypothécaires.

Les bons hypothécaires seront à un an d'échéance, ils seront frappés d'un droit de circulation d'un 1/2 p. 100, c'est-à-dire qu'une fois émis, ils devront passer dans l'année de leur durée, entre les mains de vingt porteurs qui tous, successivement, placeront à chaque transaction commerciale, au dos du bon, dans la case immédiatement libre, *un timbre comme ceux que nous employons pour l'affranchissement des lettres.* CES TIMBRES SERONT ÉTABLIS ET VENDUS PAR L'ÉTAT.

Les bons de 10 fr. recevront des timbres de 5 cent.;

ceux de 25 fr. des timbres de 15 cent. ; ceux de 50 fr. des timbres de 25 cent. ; ceux de 75 fr. des timbres de 40 cent. ; ceux de 100 fr. des timbres de 50 cent. ; ceux de 200 fr. des timbres de 1 fr., et les bons de 500 fr. des timbres de 2 fr. 50 cent.

Chaque bon de 100 fr., par exemple, devant passer dans le courant de l'année entre les mains de vingt personnes, donnera pour sa part, un mouvement d'affaires de 2,000 fr. et rapportera, par la vente des timbres, 10 fr. pour la première année. Le milliard de propriétés mobilisées, circulant sous la forme de bons hypothécaires, représentera un chiffre d'affaires de 20 milliards et rapportera 100 millions par an.

Ces recettes annuelles, produit de la vente des timbres hypothécaires, seront confiées à une caisse spéciale qui aura la mission de les faire fructifier, qui sera spécialement aussi chargée d'escompter les bons hypothécaires et de les rembourser à la fin de la dernière année de leur circulation.

Chaque bon, avons-nous dit, doit passer entre les mains de vingt personnes pendant l'année ; cette formalité est de rigueur ; le contrevenant encourt cette pénalité : Si le porteur d'un bon hypothécaire veut le garder en portefeuille jusqu'à l'échéance, libre à lui ; mais avant d'aller l'échanger contre le bon de la série suivante, il sera tenu de le couvrir d'autant de timbres qu'il en faudra pour parfaire les vingt exigés. Ce cas, d'ailleurs, ne peut jamais se présenter, car si le détenteur d'un bon n'a pas d'acquisition à faire, il pourra toujours l'échanger contre espèces ou le déposer à la caisse d'épargne, comme nous le dirons plus tard.

A la fin de la première année, le dernier porteur se présente au siége de la banque ou dans l'un des bureaux de vente des timbres, remet son bon, le numéro 1 de la première année. Ce bon vérifié est immédiatement frappé d'une estampille spéciale qui l'annule, et il reçoit en échange le numéro 2 de la deuxième année ; celui-ci circule comme le premier pendant un an, passant en vingt mains qui le couvrent successivement de vingt timbres, pour venir, à son tour, s'échanger contre le numéro 3 de la troisième année, et ainsi de suite.

Le numéraire, bien entendu, servira d'appoint aux bons hypothécaires ; mais celui qui recevra le quart, le tiers ou la moitié en numéraire sur un payement fait avec un bon, tiendra compte du quart, du tiers ou de la moitié de la valeur du timbre.

A la fin de la dixième et dernière année, la banque,

c'est-à-dire l'État, remboursera intégralement EN NUMÉRAIRE, aux derniers porteurs, le milliard de bons hypothécaires, ce qui lui sera facile, puisqu'il aura encaissé six cents millions par la première émission, un milliard par la vente des timbres, plus les intérêts de ces sommes pendant dix ans, défalcation faite des frais généraux qui seront largement couverts par le produit seul de l'escompte des bons.

Ici se présente une combinaison nouvelle, corollaire de notre principe de mobilisation, qui démontre toute sa justesse et la fécondité de ses résultats pratiques.

Au lieu de rembourser en numéraire les bons hypothécaires à la fin de la dernière année de leur circulation, l'État transformerait la banque hypothécaire en banque nationale ordinaire, c'est-à-dire qu'il créerait alors des billets comme ceux de la banque de France pour une somme égale à celle destinée à rembourser les bons hypothécaires. Ces billets seraient donnés aux derniers porteurs en échange et en remboursement de ces bons; ils seraient garantis par deux milliards de numéraire en caisse; ils circuleraient désormais librement et sans droit aucun; ils s'échangeraient, à volonté, au pair contre espèces, au siége de la banque et dans ses succursales; et comme ces deux milliards, formant le capital de la banque nationale, seraient spécialement le produit de la vente des timbres hypothécaires payés par les négociants, à chaque opération commerciale, pendant les dix ans, la loi qui sanctionnerait cette transformation fixerait invariablement le taux de l'escompte à 2 p. 100. Ce chiffre serait largement rémunérateur; en effet, la banque n'ayant à couvrir que ses frais généraux, n'ayant à servir aucun intérêt, à payer aucun dividende, à rembourser aucun capital, verra chaque année son actif augmenter. Qui donc doit être appelé à jouir du bénéfice de cette augmentation du capital de la banque nationale, si ce n'est le commerce qui l'a fourni?

En présence de tels avantages faits à l'État, au commerce et à l'industrie, dans le présent et pour l'avenir, qui serait en droit de se plaindre de la création des bons hypothécaires, du cours forcé pendant dix ans et du droit de circulation d'un 1/2 p. 100?

Lorsque l'application d'un principe donne de tels résultats, quelque étrange que paraisse ce principe, c'est qu'il est vrai, qu'il est juste et qu'il doit être sérieusement étudié avant d'être repoussé comme une utopie.

BIBLIOTHÈQUE NATIONALE R. F. IMPRIMÉS

2

Mais, dira-t-on, que deviendra la banque de France par suite de cette transformation de la banque hypothécaire en banque nationale? Eh! mon Dieu, elle ne sera plus un établissement financier privilégié, elle fera l'escompte comme les autres banques et cessera d'avoir un monopole souvent plus nuisible qu'utile au commerce.

La position critique dans laquelle le traité de paix place les finances de la France, vient donner à notre système la raison de l'opportunité de son application. La Prusse n'acceptera pas, j'en suis convaincu, en payement des cinq milliards, les produits de toutes nos industries; il faut donc, pour ne pas entraver la production, la circulation et la consommation des produits, créer une valeur fiduciaire reposant sur une garantie indiscutable. Les bons hypothécaires, sous ce rapport, ne laissent rien à désirer.

TITRE II

Des bons hypothécaires.

—

Aussitôt après la loi ou décret qui ordonne la création de la banque hypothécaire nationale, la commission chargée de l'organisation et de la mise en œuvre du nouveau système, fait graver les planches et tirer en une seule édition autant de feuilles de bons de 10, 25, 50, 75, 100, 200 et 500 fr. qu'il en faut pour compléter le chiffre d'un milliard.

Les souscriptions se feront comme pour les emprunts ordinaires; chaque souscripteur recevra contre espèces, un récépissé provisoire destiné à être échangé contre le bon. Lorsque la souscription sera complète, la banque centrale expédiera dans chaque localité où les souscriptions ont été recueillies un nombre de bons équivalant au chiffre souscrit, puis les opérations commenceront à partir du premier du mois.

Les instituteurs dans chaque village et dans les villes, les receveurs des finances seront chargés de la vente des timbres hypothécaires qu'ils payeront comptant en les recevant de l'administration centrale. Les premiers seront également chargés de recueillir à la fin de chaque année les bons échus, d'en donner reçu, de dresser et porter au chef-lieu de canton chez le receveur des contributions directes l'état de ces bons, d'y reprendre et distribuer aux ayants droit la nouvelle série. Ils recevront comme rémunération 200 fr. par an, soit environ 8 millions, ce qui améliorerait leur position si précaire, si utile et si intéressante.

A la fin de chaque année il y aura un temps d'arrêt d'une semaine, c'est-à-dire que les derniers porteurs se présenteront dans le bureau de leur localité et recevront, contre le dépôt de leurs bons, un récépissé qui sera échangé dans le délai fixé contre les bons de la série suivante.

Pendant ce temps, la banque centrale, qui aura fait tirer à l'avance la série de la deuxième année, expédiera à chaque bureau un nombre de bons conformes à l'état dressé par le préposé à la vente des timbres.

Pour faire comprendre aux habitants des campagnes que les bons hypothécaires ne sont point des ASSIGNATS, — ainsi que les qualifiait dernièrement le chef du cabinet d'un ministre des finances de la république, lequel est, à coup sûr, plus avocat que financier, — qu'ils ne sont créés que pour favoriser le développement de l'agriculture, du commerce et de l'industrie ; qu'ils doivent concourir d'abord au dégrèvement de l'impôt foncier, et plus tard, à l'exonération complète de la petite propriété ; il serait, je crois, utile, nécessaire au besoin de faire un tirage du système à 50,000 exemplaires pour que chaque *instituteur* en reçût un, se pénétrât bien de sa portée économique, de son utilité commerciale, du mécanisme de son fonctionnement, de la valeur du bon comme signe d'échange ; fît entendre aux paysans, un dimanche, après vêpres, en les réunissant à la maison commune, qu'il serait, pour eux, d'un intérêt immédiat de souscrire à la banque hypothécaire, et que plus leur souscription serait élevée plus leur bénéfice serait grand, puisque chaque somme de cent francs donnera 19 fr. 50 cent. de bénéfice réalisable de un à dix-huit jours ; enfin, que pour leur prouver sa conviction sur l'opportunité et les avantages de la mise en œuvre du système, il est bien décidé à souscrire lui-même pour une somme de... :.. Ces explications, fortifiées par quelques exemples des transactions usuelles dans les campagnes, seraient déterminantes.

MODÈLE DU BON HYPOTHÉCAIRE :

Numéro 1.   1re Année.

RÉPUBLIQUE FRANÇAISE

BANQUE HYPOTHÉCAIRE NATIONALE

BON DE 10, 25, 50, 75, 100, 200 OU 500 F.

Garanti par les domaines et les revenus
de l'Etat

CE BON DOIT ÊTRE NÉGOCIÉ VINGT FOIS DANS L'ANNÉE
ET PORTER AU VERSO VINGT TIMBRES

Il expire le 25.............

Il s'échange à son échéance au siége de la banque, à Paris, et dans tous les bureaux
do vente de timbres en province.

Timbre de la banque :   *Signature du directeur :*   *Signature du trésorier :*

Chaque case indique la date de rigueur de la circulation du bon.

VERSO DU BON.

18 Janvier	5 février	23 février	13 mars	31 mars
17 avril	5 mai	23 mai	10 juin	28 juin
16 juillet	3 août	21 août	8 septembre	26 septembre
14 octobre	1er novembre	19 novembre	7 décembre	25 décembre

Ce bon, au verso, est divisé en vingt cases pour recevoir les vingt timbres dont il doit être couvert avant d'être échangé. Chaque case indique la date du mois où le bon doit être régulièrement négocié. Le premier tirage porte en tête du bon : N° 1, 1re année; le second : N° 2, 2me année, et ainsi de suite jusqu'à dix.

S'il arrivait, ce qui est très-probable, que le bon

hypothécaire fût couvert de ses vingt timbres après six ou huit mois de circulation, il passerait alors dans les transactions commerciales comme un billet de banque.

Il pourrait arriver aussi qu'après quelques mois de fonctionnement du système, le bon fût reçu en Suisse, en Belgique et même en Angleterre, circulât comme un billet de commerce et ne revînt s'échanger, en France, qu'à son échéance ; il suffirait pour cela, d'un bureau de vente de timbres hypothécaires dans chaque centre commercial à l'étranger.

<hr>

OBSERVATIONS

Sur les objections dont cette combinaison peut être l'objet et sur les avantages de sa mise en œuvre.

Le papier-monnaie en général, nous le savons, est toujours accueilli avec une certaine défaveur ; le souvenir de la banque de Law, des assignats de la République, des fluctuations plus récentes du papier d'Autriche et des Caïmés de Turquie, vient de suite éveiller mille craintes, mille préventions.

La seule cause de la chute ou de la dépréciation de ces différentes valeurs est le manque de garantie. Un seul papier-monnaie, le billet de banque de France, jouit aujourd'hui d'une certaine faveur qui le fait pré-férer quelquefois à l'argent. Pourquoi? c'est qu'il a, ou qu'il est supposé avoir dans les caves de la Banque, en lingots, en numéraire ou en valeurs de portefeuille, une garantie sérieuse. Eh bien, quelle que soit cette garantie, elle est moindre que celle des bons hypothécaires dont nous proposons la création. Comparons un instant ces deux valeurs : le billet de banque, dira-t-on, n'a pas un cours forcé, il n'est pas frappé d'un droit de circulation comme le bon hypo-thécaire ; il s'échange, contre espèces, à présentation, ce qui lui donne un grand avantage sur ce dernier. — Plus d'une fois déjà et récemment encore, nous avons vu donner le cours forcé au billet de banque qui, selon nous, est toujours frappé d'un droit de circulation : en effet, le négociant n'obtient de la banque ses billets, qu'au moyen d'une valeur com-merciale à trois mois, garantie par trois bonnes si-gnatures, soumises à un escompte de 5, 6, 8 et même 10 p. 100, selon les circonstances, et qu'il rembourse en numéraire OU EN BILLETS DE BANQUE, à son choix.

On peut donc dire, avec vérité, que cet escompte

est un véritable droit de circulation qui se rattache DIRECTEMENT au billet de banque, et qui, en outre, est supporté par un seul, tandis que, dans notre système, le droit de circulation de 10 p. 100 est supporté par vingt individus.

Lorsque la banque hypothécaire aura fonctionné pendant quelques mois, le bon s'escomptera avec autant de facilité que le billet de banque, et à moins de frais que le billet de commerce ; d'un autre côté, le billet de banque est délivré pour sa valeur nominale ; le bon hypothécaire, au contraire, est émis à 20 p. 100 au-dessous de sa valeur réelle. Nous avons vu, en 1848, le billet de banque de 1,000 fr. offert à 500 fr. ; le bon hypothécaire ne peut jamais être remboursé qu'au pair ; il a donc un grand avantage sur le premier, il est, de plus, doublement garanti ; enfin, la création du bon hypothécaire a pour but essentiel, de diminuer le taux de l'escompte pour le commerce et d'en fixer invariablement le chiffre à 2 p. 100. Le billet de banque de France est toujours à la remorque de son aîné le bank-note anglais ; et notre grand établissement financier élève ou abaisse ce chiffre à son gré, selon l'ardeur plus ou moins grande de sa soif métallique.

Quant au cours forcé donné au bon hypothécaire,

nous l'avons dit, ce n'est qu'une *obligation réciproque*, et le commerce ne peut se plaindre d'une mesure qui doit multiplier ses opérations.

Le cours forcé est nécessaire d'ailleurs, pour réaliser dans les dix ans, le capital destiné au remboursement intégral des bons ; le cours forcé déterminera immédiatement le placement du milliard de bons hypothécaires, chacun voulant arriver le premier pour profiter de la remise de 20 p. 100 ; car les retardataires n'en seront pas moins obligés d'accepter les bons dans toutes les transactions ordinaires, attendu que la loi qui ordonnerait la création de la banque, frapperait d'une amende toute personne qui refuserait d'accepter en payement un bon hypothécaire.

Le droit d'un 1/2 p. 100, représenté par la valeur du timbre, ne donnera lieu à aucune objection, attendu qu'aucun fabricant, négociant, cultivateur ou simple particulier, ne s'arrête à 50 cent. pour conclure une affaire de 100 fr.

Cette dépense, d'ailleurs, serait largement compensée par les bénéfices résultant du chiffre d'affaires beaucoup plus élevé en raison de l'abondance du numéraire ; elle le serait davantage encore par la suppression de l'escompte des billets de commerce ; escompte le plus souvent usuraire, pour ceux qui n'ont pas un compte ouvert dans nos grands établissements de crédit ou chez les banquiers, les affaires à l'intérieur se faisant presque toutes au comptant.

Dans le système actuel, lorsqu'un fabricant ou un marchand vend un objet que l'acquéreur solde en numéraire au moment de la vente, il est d'usage de faire une remise de 3, 5 et même 6 p. 100 ; or, le bon hypothécaire n'étant jamais frappé que d'un droit d'un 1/2 p. 100 lorsqu'il passe d'une main dans une autre, il sera plus avantageux pour le négociant, surtout dans les ventes un peu importantes, d'être payé en bons hypothécaires qu'en argent.

Pour venir en aide aux commerçants qui auraient besoin de numéraire pour solder des objets d'importation ou pour faire des voyages à l'étranger et qui n'auraient en portefeuille que des bons hypothécaires, la banque pourra escompter chaque année à 1 p. 100 des bons jusqu'à la concurrence d'un chiffre déterminé en augmentant successivement ce chiffre en raison de son encaisse; les banquiers actuels, d'ailleurs, feront l'escompte des bons hypothécaires avec plus de bénéfice et moins de chance de perte qu'avec les billets de commerce ordinaires.

Ce système, dira-t-on peut-être aussi, rend l'épargne impossible en ce sens que celui qui veut faire des économies ne peut garder en portefeuille du papier sur lequel il devra, tous les dix-huit jours, appliquer un timbre hypothécaire, car son capital, au lieu de produire, diminuerait entre ses mains.

Cette objection n'est pas sérieuse : d'abord ce que l'on destine à l'épargne peut être pris sur le numéraire que nous ne détruisons pas ; mais cette réserve, fût-elle en bons hypothécaires, l'État, qui ne peut trop favoriser d'aussi heureuses dispositions créerait spécialement une caisse d'épargne qui recevrait, moyennant un intérêt de....., les bons hypothécaires qui lui serviraient à payer ses mille dépenses de chaque jour, au lieu de les solder en numéraire ; puis quand viendrait la demande en remboursement, il aurait lieu, partie en argent, partie en bons hypothécaires.

Aux avantages que nous avons signalés, d'autres améliorations ultérieures d'une haute portée économique viennent se joindre encore et recommander puissamment notre combinaison aux méditations des éminents fonctionnaires chargés de la direction et de l'administration des finances de l'État.

Après la transformation de la banque hypothécaire

en banque nationale, les opérations de cette dernière avec succursales dans toutes les villes de France, atteindraient facilement le chiffre de 35 à 40 milliards par année. L'escompte étant fixé à 2 p. 100 donnerait une recette annuelle de 7 à 800 millions. Les frais généraux de la banque centrale et des quatre cent cinquante succursales établies dans les villes de province n'atteindraient pas 30 millions par an. Comme nous l'avons dit, la banque n'ayant à servir aucun intérêt, à payer aucun dividende, à rembourser aucun capital, les 700 millions d'excédent de recette serviraient à amortir successivement la dette flottante ou mieux à dégrever de moitié l'impôt foncier. Or, si l'État faisait remise de 250 millions par an à l'agriculture, cette somme étant consacrée par les cultivateurs à l'amélioration de leurs terres, dont les produits seraient plus beaux, meilleurs et plus abondants, il en résulterait une grande diminution dans le prix des objets de consommation et un bien-être général dont la classe ouvrière recueillerait particulièrement le fruit.

En un mot toutes les améliorations produites par l'application de ce système financier, viendraient bientôt démontrer que le Gouvernement qui prendrait l'heureuse initiative de cette mesure aussi hardie de conception et de mise en œuvre que féconde en résultats inespérés , donnerait à la grande nation qui marche à la tête de toutes les réformes et de tous les progrès, le bien-être matériel qui porte en soi le germe de toute amélioration intellectuelle et morale et mériterait, en retour, le titre si rare et si glorieux de :

BIENFAITEUR DE L'HUMANITÉ !!

FIN.

PARIS. — TYPOGRAPHIE DE ROUGE FRÈRES, DUNON ET FRESNÉ,
rue du Four-Saint-Germain, 43.

www.ingramcontent.com/pod-product-compliance
Lightning Source LLC
LaVergne TN
LVHW012311050726
842524LV00004B/1329